JOSÉ YÉBENES LÓPEZ

PEDALEANDO HACIA EL ÉXITO

MARICRUZ GARRIDO LINARES

JOSÉ YÉBENES LÓPEZ
PEDALEANDO HACIA EL ÉXITO

ExLibric

JOSÉ YÉBENES LÓPEZ. PEDALEANDO HACIA EL ÉXITO
© Maricruz Garrido Linares
© Prólogo: Manuel Peláez del Rosal
Diseño de portada: Dpto. de Diseño Gráfico Exlibric

1ª edición

© ExLibric, 2024.

Editado por: ExLibric
c/ Cueva de Viera, 2, Local 3
Centro Negocios CADI
29200 Antequera (Málaga)
Teléfono: 952 70 60 04
Fax: 952 84 55 03
Correo electrónico: exlibric@exlibric.com
Internet: www.exlibric.com

ISBN: 979-13-87528-05-8
Depósito Legal: MA 2626-2024

Impresión: PODiPrint
Impreso en Andalucía – España

Nota de la editorial: ExLibric pertenece a Innovación y Cualificación S. L.

MARICRUZ GARRIDO LINARES

JOSÉ YÉBENES LÓPEZ
PEDALEANDO HACIA EL ÉXITO

EXLIBRIC

ANTEQUERA 2024

Escudo heráldico

Índice

PRÓLOGO

Prólogo

No es la primera vez que escribo sobre mi veterano amigo José Yébenes López, Prieguense del Año 2003, medalla de la Subbética, y la de plata a sus almacenes, y reivindico que su memoria sea el mejor legado para las generaciones futuras. Lo hice públicamente en 1993, hace casi treinta años, en mi revista *Fuente del Rey*, y lo hago ahora movido nuevamente por el sentimiento y la gratitud. Me lo pide, a modo de prólogo, la escritora y poeta Maricruz Garrido, que ha empeñado bastante tiempo en condensar la vida y la obra de este prieguense ilustre en el libro que lleva por título *José Yébenes López, pedaleando hacia el éxito* y que tú, lector, sostienes con firmeza entre tus manos.

No voy a desvelar ni a condensar la ejecutoria de este prieguense de la generación local del 27, ilustre entre los ilustres, porque estoy seguro de que este volumen va a tener más de una lectura y más de una visualización, contemplando las ilustraciones que lo decoran, fotos familiares del ayer, cada una de las cuales vale un potosí no solo por lo que revelan, sino por lo que ocultan, bajo los estandartes de Iberplus y Darvi. Detrás de cada imagen hay todo un mundo de vivencias, un tesoro que solo el protagonista del libro valora en su exacta medida y el exégeta por aproximación. Podría decirse que son girones de la existencia de un trabajador incansable, honesto, honrado, inteligente, pertinaz, ambicioso con sana intención, sagaz, experto, celoso de su nutrida familia, sostenida durante muchos años por el pilar de su esposa, sin cuya ayuda y colaboración el viajero, más que viajante, el representante y el agente comercial pudieran haberse quedado a la mitad del camino.

Me planteo ahora lo que significa para mí este prólogo, que no es ni un prefacio ni una introducción. No sé a ciencia cierta qué tendría que decir, porque las palabras poco valor tienen si no se las adoba con el afecto del que es merecedor José Yébenes. Ya corrieron ríos de tinta sobre su persona y sobre su empresa Almacenes Yébenes en varios medios de comunicación, que ponderaron su labor como empresario. *El Mundo, Córdoba, Tribuna de Córdoba, Actualidad Económica* y otras publicaciones especializadas pusieron el dedo en la llaga mercantil al intentar medir el alcance de su proyección local, provincial y regional. La capacidad intelectual nata de este profeta de los negocios no necesitó de estudios académicos oficiales, ni de licenciaturas, grados o másteres universitarios, hoy tan al alcance de la mano. La vida y sus entresijos de los tiempos pasados, la competencia y la supervivencia fueron para él las lecciones de un riguroso manual que fue cada día elaborando con sabiduría y buen hacer hasta constituir el título más valioso que podría dejar a sus hijos y herederos, su familia biológica, ante todo, y después la empresarial, instruida con su ejemplo y su autoridad, poniendo la ética y el respeto por bandera.

Cuando paso por la central de operaciones situada en la carretera de Fuente Alhama (antes Los Prados), sede de la actual sociedad anónima que es —la antigua data de 1953 y la nueva de 1987—, y echo la vista atrás, yo, que de pequeño, hace más de setenta años, andaba por aquellos andurriales en una pequeña huerta propiedad entonces de mi familia, que labraba el inefable allegado Ceferino, no podía ni imaginar lo más mínimo que aquel espacioso paraje bucólico pudiera convertirse en un emporio de primera categoría, un *holding,* con cientos de vehículos y operarios dispuestos y entregados a llevar a cabo las tareas de almacenamiento y distribución de los productos y marcas —*Adarve* y *Tiñosa,* con resabios medievales de conquista— que son sus insignias y mercancías para abastecer sus filiales comarcales y andaluzas. «¡Voto a Dios, que me espanta esta grandeza!».

D. José Yébenes López, lo digo sin exagerar lo más mínimo, y lo conozco como si lo hubiera parido —que todo hoy ya es posible—, ha sido y es un figura, en el sentido más filosófico de la palabra, un prieguense ejemplar, que sin patrimonio heredado y solo con su trabajo y caminar, primero en bicicleta, después en moto y, finalmente, en vehículo de motor, alcanzó lo que se propuso, llegó a la meta el primero de todos en múltiples ocasiones, y dejó a muchos prieguenses dos de los dones más preciados de cuantos puede condecorarse la especie humana: la amistad y la bondad.

Maricruz Garrido Linares ha tenido la fecunda idea de dar forma a una vida que merecía escribirse con atinada pluma, dejando afuera la leyenda y metiendo dentro los datos precisos de su fecunda biografía, como testimonio literario e histórico para el porvenir, y que predica a los cuatro vientos el mensaje evangélico de los talentos, aquí en un doble sentido, el metafórico y el real.

Enhorabuena, Maricruz, y mi felicitación a D. José Yébenes López, «el extraordinario hombre ordinario» que de Napoleón dijo Goethe, salvando las distancias, por su ejemplo y lección magistral del diario vivir como empresario y como amigo. Su majestad y su fortaleza en la senectud son como las del águila. Siempre en la brecha. *Aquilae senectus*.

Córdoba, 23 de abril de 2022 (Día del Libro)

Manuel Peláez del Rosal,
de la Real Academia de Córdoba
y cronista oficial de Priego

A José Yébenes López,
gran pionero y emprendedor
prieguense, y a toda su familia.

CAPÍTULO I

PRIMERAS VIVENCIAS

1. Primeras vivencias

Foto de José cuando tenía unos veinte años

El año 1927 fue un año sin excesivos trasiegos, comenzando en sábado según el calendario gregoriano.

Se iniciaban las primeras llamadas telefónicas entre Londres y Nueva York. El mundo iba avanzando a la industrialización lentamente floreciente y en junio se fundó la primera aerolínea de Iberia.

No podemos hablar de José Yébenes López sin saber de sus orígenes, sin vivir la sensación de que ha sentido en todo lo profundo de su ser el pueblo que lo vio nacer, porque para cualquier ciudadano es un orgullo sentirse enraizado en un lugar, y qué menos que hablar de nuestra maravillosa ciudad enclavada en el sur de lo que llamamos subbética cordobesa, es decir, Priego, cuna de numerosos hallazgos prehistóricos, mestizaje de pueblos, que en la época musulmana fue llamada Medina Baguh, además de capital de una de sus coras y que desempeñó un importante papel en las guerrillas sostenidas por los emires cordobeses.

En 1341, Priego fue conquistado definitivamente por Alfonso XI y llegó a pertenecer a la Casa de Aguilar, al igual que fue señorío de Gonzalo Fernández de Córdoba, por cesión de Enrique II.

En 1501, nombran primer marqués de Priego a don Pedro Fernández de Córdoba. No obstante, el gran legado andalusí quedó reflejado en todo lo que hasta hoy conservamos históricamente, incluidos los nombres toponímicos como Adarve, Tiñosa y nuestro histórico barrio de la Villa.

Pero fue justo en 1705 cuando la Villa de Priego pasó a depender del ducado de Medinaceli y comenzó una gran etapa de prosperidad por ser uno de los más grandes centros de trabajo, productores de tafetán y seda, abasteciendo a cantidad de ciudades del exterior no solo con el mercado de la seda, sino con los sombreros de fieltro tan requeridos en una época donde este bonito complemento de mujer era exquisito para la clase media. Gracias a esta fructuosa industrialización textil y al momento de esplendor, nuestros templos eclesiásticos se visten de la mejor riqueza barroca de la provincia.

En 1881, el rey Alfonso XII le concede a Priego el título de Ciudad. Sin embargo, a pesar de ser uno de los pueblos más pictóricos y relevantes de nuestra subbética, su enclave geográfico y sus serpenteantes carreteras hicieron, como decía René Taylor de Priego, un desconocido para muchos visitantes turísticos. A Priego había que llegar o descubrirlo por azar.

Sin embargo, en la década de 1920 se produce un aumento importante de la industria textil, que menguó sobre la época de los años setenta y cantidad de gente tuvo que emigrar a Alemania y Cataluña, donde la industrialización era mucho más fructífera y ganancial.

Podemos decir entonces que cuando José vino al mundo un 21 de enero de 1927, siendo el cuarto de cinco hermanos, Priego ya estaba declinando en lo que era textil y confecciones. Aunque quedaban fábricas de algodón que abastecían a gran parte de la provincia, no era lo mismo, ni aquella era la época de esplendor que Priego había vivido anteriormente.

Corrían ya los tiempos de convulsos bienes políticos y la República daba sus pasos firmes en un pueblo dividido de corrientes revolucionarias, pero con un gran número de adeptos al régimen del infortunado pero admirable de voz y voto don Niceto Alcalá Zamora, nacido en el mismo pueblo que José, Priego de Córdoba, y donde los escasos años de colegio que José recuerda hasta los ocho, era obligatorio representar con un brazalete la bandera tricolor republicana cada vez que algún cargo político hiciera su presencia.

Pero lo que menos le preocupaba a José era la política, ni de antes ni de ahora. Tampoco hubiera pensado que justo con ocho años tuviera que dejar la escuela y ver cómo a España la destrozaban intereses económicos y triviales.

Para una familia de clase media y con cuatro hermanos, él consideraba más beneficioso ganarse el pan de cada día de la mejor manera posible y ya avispaba ingenio cuando sus padres, trabajadores de campo como sus bisabuelos, tenían que cultivar la tierra. Expresa hacer de todo en aquel entonces, como recoger cardos, lavarlos y venderlos por su cuenta para tener así unos ahorrillos, que ya iba guardando en un antiguo cuenco de almirez donde en un principio nadie excepto su madre sabía su escondite.

Justo con trece años estuvo trabajando en las salinas de Montoro de, como él mismo decía, «jarrillo de mano»: desde traer «agua del marqués» hasta cargar con cuartillas de sal o vender leche.

A José le había tocado un mundo de intereses partidistas, pero la gran suerte fue que, con su amplitud mental y ambición innata, nunca fue hombre de intereses políticos; no obstante, como tuvo que hacer, como estaba prescrito en ley de época, el servicio militar, que entonces eran dieciocho meses, y era ingenioso a la vez que sensato, intentaba hacer algún que otro negocio siempre que le venía a mano.

Un día una de sus nietas mayores no dejaba de contarme pequeñas anécdotas de su abuelo en época del servicio militar y otras muchas que les encantaban a sus nietos cuando eran pequeños. Los ojos le brillaban como cuando niña, queriendo estrepitosamente contar peripecias una tras otra, para ver si así toda una larga vida se apilaba y concentraba en las páginas de un libro ansioso por ver la luz.

—Es que ha sido siempre un gran luchador y lo veo ahora tan frágil. Quisiera que el libro estuviera acabado pronto para que él pudiera verlo y disfrutarlo.

Esas palabras de una nieta me llegaron al alma como si fuera la vida de mis propios antepasados y noté los lazos de esa sangre fuerte y ambiciosa en la cara de ensoñación de la joven, al extremo de que me gustaría que estuviera en sus manos lo antes posible, para entregárselo como el gran trofeo que ella ansiosamente espera de su abuelo, de esa gran saga de grandes emprendedores y pioneros en su pueblo natal con una de las mejores empresas actuales.

Hay pequeñas anécdotas que son muy curiosas, pero que no se pueden contar en un libro, le comenté yo misma. Mas, no obstante, no dejaba de referirlas porque eran de su vida con su abuelo de pequeña y quedarán para siempre impregnadas en esa época de inocencia infantil que hace realmente darle un sentido real y vital a la existencia humana.

De nuevo empecé a dar vueltas y más vueltas a una biografía con una trayectoria tan larga como interesante cada vez que llegaba a una y otra fugaz vivencia que José repetía de continuo debido a sus años, noventa y cuatro ya cumplidos.

—Demasiado y con bastante claridad recuerda todo lo anterior —le dije yo a Fernando, su tercer hijo.

Por un momento, sentí nostalgia, hubiera querido ver a mi padre como él mismo me iba detallando, y justo en la calle donde nos habíamos criado de pequeños a veinte metros de donde la familia Yébenes había tenido su primera tienda familiar en la calle San Marcos de la Ciudad de Priego.

CAPÍTULO II

TIEMPOS DE MOCEDAD

2. Tiempos de mocedad

José Yébenes y su esposa, Francisca Amores

Así vamos intercambiando recuerdos cada vez que voy a su casa para seguir narrando una larga vida de sueños ambiciosos que, gracias a su constancia y tesón, llegaron a buen puerto.

Imágenes afloran en su memoria como racimos de uvas agolpados y apelmazados, unos antes y otros después, llenos de astucia y esfuerzo.

—Por aquella época no era normal tener máquinas de escribir en casa —me decía—. Yo tomaba prestada la máquina de escribir de mi primo Paco, que trabajaba en Correos, para escribir las cartas de pedidos y representaciones.

—Pero, José —le comentaba yo—, anteriormente a eso habían pasado muchas cosas. ¿Cómo conoció a su mujer, por ejemplo? —le pregunté.

—Ah, eso fue una historia muy bonita.

Y entre medias exhalaba un suspiro, tan largo y nostálgico como la vida que luego le esperó con aquella pequeña pero gran mujer que le estuvo acompañando el resto de su vida. Y continuó narrándome:

—Estaba al lado de lo que llamaban «el casino de Priego» y justo enfrente vi a una chica limpiando lo que antes era el portón y las rejas de la casa de enfrente, con tal garbo y agilidad que no me lo pensé dos veces y me dije a mí mismo algo que era muy propio de aquella época: «Esta mujer me gustaría para madre de mis hijos».

—Digamos que fue un flechazo a primera vista —le comenté yo, y la verdad, con acierto, porque Francisca fue el gran pilar de su vida, dicho por sus propios hijos y nueras, que lo ratifican, lo que hoy llamaríamos una mujer íntegra y buena consejera, madre de sus hijos y que ayudaba en todo, es decir, al unísono.

Por algo hay un refrán que dice: «Detrás de un gran hombre, hay una gran mujer». Y es que en el tiempo que les tocó vivir a Francisca y José, era muy propio que los negocios familiares se llevaran a cabo por el matrimonio cuando este, ante todo, era bien allegado.

A eso es a lo que yo llamaría incluso hoy día igualdad. Aunque en apariencia la figura materna quedaba más ensombrecida al exterior, me consta que en muchas familias prieguenses y de otros muchos lugares de la geografía española era así.

La mujer nunca fue menos que un hombre, ellas lo sabían a ciencia cierta, pero quedaban relegadas —digamos entre bastidores— a las tareas propiamente femeninas, aunque por propio placer y gusto algunas. No necesitaban reivindicar derechos, ya los tenían. Sabían su lugar y le daban al hombre también un cierto lugar privilegiado que, actualmente, alguna mujer lo podría llamar «subyugación». Yo, sin embargo, no lo veo así, puesto que en su fuero interno la que realmente manejaba todo era la mujer.

Habría que reivindicar, y bastante, ese tipo de mujer que todavía aún existe, pero por el simple hecho de saber que siempre han estado ahí. A este tipo de mujeres se les podría denominar «hijas de un tiempo».

Es verdad que hubo muchas que quedaron relegadas a la voluntad de hombres déspotas y machistas y por ello, en cuanto a la literatura se refiere, tuvieron que utilizar seudónimos la mayoría de las veces.

Me viene a la cabeza un ejemplo anecdótico y curioso de Lope de Vega que todavía recuerdo y me sorprende en uno de sus libros, concretamente en *La dama boba*. Con alusión a Sise, mujer culta e instruida, Lope de Vega comenta:

> *¿Quién le mete a una mujer*
> *con Petrarca y Garcilaso,*
> *siendo su Virgilio y Tasso*
> *hilar, planchar y coser?*

Hace alusión a la mujer que renegaba de las tareas propiamente del hogar y quería elevarse de un modo culto sobre las demás.

Hoy día, a la mujer no se le ha dado todavía su lugar. Incluso podemos recordar a grandes maestros literarios que consideraban a la mujer que hablaba y demostraba su valía en círculos literarios como una palabra vulgarmente usada, «marimacho».

La mujer en los años cincuenta no podía ni siquiera entrar a un bar sola, a sabiendas de que justo iba a tomar un solo café, puesto que la trataban de buscona o algo parecido. La igualdad y la justicia están todavía oscurecidas por una nube de prepotencia masculina que a día de hoy cuesta creer, aun a pesar del gran avance que ha habido en estos últimos cincuenta años.

José y su novia Francisca paseando por la calle Carrera de las Monjas, Priego de Córdoba.

CAPÍTULO III

SERVICIO MILITAR

3. Servicio militar

Reencuentro de José con un amigo de la mili, José de Oses Castillo, de Totalán, Málaga.

Justo en el año 1945, con dieciocho años, José tiene que hacer el servicio militar, como estaba prescrito en la época.

Había jóvenes que no estaban de acuerdo porque tenían que ayudar a sus padres en el cultivo de tierra o simplemente porque era la etapa en la que se estaban formando en trabajos para construir su propio hogar.

Este era también el caso de José, pero se adaptó bien a su cometido. Como lo enviaron a los Pirineos aragoneses, lo que hizo fue incluso tratar de dulcificar su estancia allí y sacarle provecho a todo lo que podía.

La Escuela Militar de Montaña se ubica en Jaca (Huesca), debido a sus buenas comunicaciones y su proximidad a las cumbres del Pirineo. Era lo que se denominaba infantería de tierra, y para ello había un acuartelamiento, del cual fue pionero José, ya que se fundó el 12 de abril de 1945 dentro del mando de unidades de operaciones especiales y a José le tocó rastrear el Valle de Arán. El centro contaba con instalaciones en Jaca y en Candanchú.

En esa época había solo cuarenta y ocho oficiales y veintiséis suboficiales procedentes de todas las unidades de montaña. Por supuesto, los soldados enviados allí tenían que someterse a las instrucciones reglamentarias que el destacamento exigía.

Su especialización era el perfeccionamiento de los cuadros de mando del Ejército de Tierra de tropas de montaña. Tenían que ir provistos, por el ambiente y el frío, de un gran equipo y material adecuado para el lugar, por entrar dentro del grupo de rescate e intervención de montaña.

Incluso aprendió a esquiar, ya que para bajar al pueblo con la nieve tenían que apañárselas de algún modo. La verdad es que le acabó gustando manejar los esquís y lo hacía con habilidad y presteza.

José con sus esquís

Un día de los que estuve haciéndole una entrevista en casa, le comenté:

—José, ¿usted ha sido fumador?

Y me contestó:

—La verdad es que fumaba muy poco, pero cuando bajaba al pueblo compraba más cantidad de tabaco, de aquel que llamaban «mataquintos», y trataba de revenderlo, intenté hacer un pequeño negocio de ello.

Paquetes de tabaco mataquintos e Ideales

Lo que sí me dijo con sinceridad fue que en la mili se conocía a muchas personas de diversas provincias de España y él, como otros muchos, tuvo muy buenos amigos allí. Fue el caso de un tocayo suyo, de nombre José de Oses, de Totalán, cerca de Málaga, con quien muchos años después vivió un magnífico reencuentro.

Un día, uno de los amigos de la mili de José, aproximándose ya a la edad de la senectud, en la que afloran los recuerdos anteriores con mayor intensidad, se acordó de su buen amigo de Priego, José Yébenes.

Como él sabía de las inquietudes de su amigo, vio por casualidad un camión con el nombre inscrito de Yébenes y le preguntó al chófer si el apellido era de Priego y de quién era la empresa, a lo cual el chófer le respondió que era de José. Por lo tanto, rápidamente buscó su teléfono y se puso en contacto con José. Fijaron un día para quedar a charlar y reencontrarse. Ya ambos habían perdido a sus esposas.

El encuentro, que fue en el 2012, resultó de lo más emotivo para ambos, con lágrimas en los ojos y fundiendo las miradas en un fuerte abrazo.

El momento fue mágico para todos los presentes viendo las muestras de cariño y las cartas que aún conservaban, en las que José ya le comunicaba la idea de emprender un gran negocio, y al igual que su hijo lo hizo también en la alimentación, regentando una panadería.

Actualmente, viven los dos, y creo que sería ahora ese gran momento de reencontrarse de nuevo.

CAPÍTULO IV

MEDIA VIDA PEDALEANDO
COMO REPRESENTANTE

4. Media vida pedaleando como representante

Podríamos preguntarnos sobre el tópico, en este caso aplicado a la técnica empresarial, de si el gran hombre de negocios nace o se hace. En mi opinión, José nació ya con esa inquietud.

De los cinco hermanos fue el que tuvo realmente más visión de futuro desde los primeros años de vida. Como he dicho en algún que otro capítulo, él nunca se interesó por el campo, tampoco por la política, ya que tenía unas metas definidas y claras, y eran, como le ha comentado varias veces a su nieta Inma, la determinación, el esfuerzo, la constancia y la voluntad, elementos necesarios para seguir adelante. Tanto es así que justo después del servicio militar ya estaba buscando trabajo, que en un principio fue en una tienda de comestibles cerca de la actual calle Solana de Priego. Pero sus aspiraciones no quedaban en ello y encontró un trabajo más estable en una fonda, llamada San Miguel, en la calle Puertas Nuevas.

Pues, como iba diciendo, José y más tarde su mujer fueron los encargados de aquella fonda, que llegó más tarde a llamarse Hotel Cervantes. Allí están muchos de los hermosos recuerdos que conserva de principiante.

En aquel mundillo, había veces que el esfuerzo merecía la pena cuando veía crecer y crecer sus ventas, como fue el caso de las cuchillas La Rosa, tan útiles como baratas y de las que llegó a vender a veces hasta mil en un solo día.

Cuchillas de afeitar marca La Rosa   *Calle Puertas Nuevas, Priego de Córdoba*

José, que iba a comisión, se llegó a dar cuenta de la importancia que tenía esta especie de trabajillos que hacía primero en sus ratos libres y más tarde ya haciéndose independiente en el proceso.

Tanto llegó a ser así que cuando tuvo su propio dinero compró una bicicleta, más tarde una moto, y así hasta que llegó a un coche viejo de segunda mano, de un tal «el manchego», que le costó dieciocho mil pesetas de las de antes. Ahora parece casi nada, pero hay que tener en cuenta que, en aquella época, un coche nuevo o un camión llegaban a costar más que una casa o un pedazo de terreno.

José estuvo pedaleando con su bicicleta años enteros con frío o viento, y nada ni nadie le impidió recorrer las pedregosas carreteras de nuestras numerosas aldeas para sus propósitos comerciales.

Lo curioso es que todo lo que él vendía lo llevaba anotado en unas antiguas libretas de cálculo con una maravillosa letra y pulcritud que todavía conserva, a las que uno de los días que estuve allí les di un repaso, sorprendida de la hacendosa tarea que hacía todos los días antes de acostarse: tomar notas de ingresos, gastos, ventas y comisiones, como si de un buen administrador de una gran hacienda se tratase.

Libreta de los años sesenta de ingresos y gastos

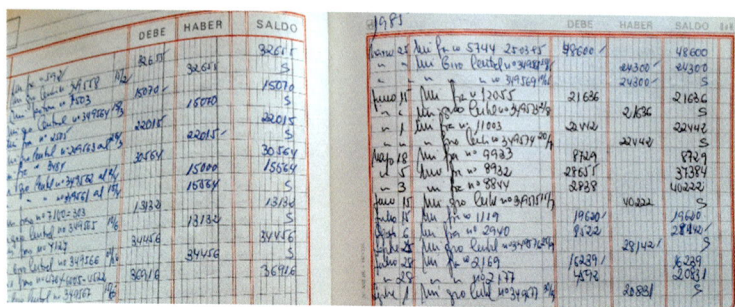

Cuadro de cuentas de José

CAPÍTULO V

CASAMIENTO Y FONDA SAN MIGUEL

5. Casamiento y fonda San Miguel

Cuando José vuelve del servicio militar, justo a los veinti-trés años, se casa con la mujer con la que va a estar toda su vida, Francisca Amores, la mujer que él ya había elegido anteriormente para formar un futuro y que será no solo su compañera, sino su timón y una gran ayuda en todos sus propósitos.

*Casamiento de José y Francisca,
con sus padrinos, Paco López, el de
Correos, y su mujer.*

Cada vez más, su cartera comercial iba incrementándose y ya no era solo café y especias lo que vendía, sino que la aumentó con bebidas alcohólicas, quesos, salchichones, productos cárnicos de la marca Crismona y mucho más.

Allí, en la calle Puertas Nuevas, donde los dos trabajaban en la fonda San Miguel, nace su primer hijo, Pepe. Ella ayudaba en las tareas de la fonda y él fue dedicándose por las tardes a ir vendiendo con su bicicleta a las aldeas, cada vez con más éxito. Tal era su empeño por llevar las cuentas al día de los ingresos de sus pedidos, que tomaba prestada la máquina de escribir de su primo Paco, el de Correos, como así lo llamaba, y escribía las cartas de las representaciones. Ventas e ingresos iban registrados, además, en libros de contabilidad antiguos que aún conserva y que han quedado como reliquia para sus generaciones posteriores.

*Casa actual donde estaba ubicada la
fonda San Miguel en los años cincuenta.*

A pesar de haber estado muy poco en la escuela, tenía una forma innata y constante de llevar contabilidad y ventas; incluso ahora a sus noventa y cinco años recuerda cuando las llamadas telefónicas solo eran de tres dígitos, como los de Bodegas Navarro, que eran 203, por poner algún ejemplo de la época.

José estuvo en la fonda San Miguel ya casado por lo menos tres años, pero a él no le gustaba que su mujer viviera allí con un niño pequeño, y decidieron marcharse a vivir a la casa de su madre, en la esquina de la calle Huerto Almarcha.

Logo de Bodegas Navarro

Otros productos que iban incrementando sus ventas eran el Café 154, conservas La Molinera, anís La Zagala, arroz La Fallera y las especias Pichi.

Pimentón de la marca Pichi y chocolate de la marca Nogueroles

CAPÍTULO VI

EL ÉXITO EN LAS REPRESENTACIONES MERCANTILES

6. El éxito en las representaciones mercantiles

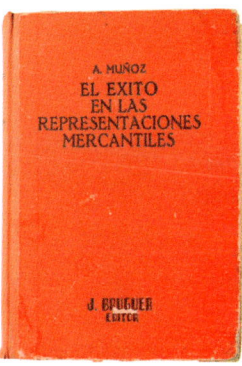

El hombre de negocios ¿nace o se hace?

Tanto era el interés que tenía José en ser un buen representante que en cuanto vio un libro que creyó que podía ser útil para sus propósitos y un incentivo como principiante, y para saber vender mejor cualquier tipo de producto, se lo compró. Era un libro de la editorial Bruguer. Cuál fue su sorpresa que a pesar de ser eficaz para cualquier hombre de negocio, él innatamente había puesto en práctica gran parte de sus conocimientos, como: «El agente debe ser cortés, preciso, persuasivo, y tener un buen trato con el cliente aunque no le compre nada por el momento, puesto que hay clientes fáciles, difíciles y algunos indecisos y hay que tener una enorme paciencia para ganarle terreno».

Evidentemente, «el agente nunca puede ser violento», y aunque hay un dicho típico que asegura que el cliente siempre lleva la razón, lo cierto es que, aunque no sea verdad, la persona de cara al público debe tener unos valores morales y éticos como la paciencia, la humildad y la perspicacia para hacerle ver al cliente que, efectivamente, lleva la razón.

Otro de los consejos que recoge el libro es que «el agente tímido difícilmente llegará al éxito en sus ofertas y representaciones», ya que esto demuestra, en cierto modo, una falta de autoestima. El primero que tiene que estar convencido de lo que está ofreciendo es el propio vendedor, indiscutiblemente, y, por tanto, nunca se debe sentir en grado de inferioridad o duda ante el cliente.

El representante «es un creador e inventor de su propia empresa» que si quiere llevarla a buen puerto tiene que refrenar impulsos y armarse de paciencia para conseguir el éxito deseado. Por otra parte, siempre debe estar dispuesto a un nuevo reto de la oferta y demanda. Uno de los defectos más grandes que un representante puede poseer es la apatía o desgana.

Es cierto que A. Muñoz, al escribir el libro, sabía empresarialmente lo que hacía y el libro sigue siendo una joya a día de hoy.

José aplicó, por lo tanto, estos consejos, a los cuales incluyó valores que él mismo poseía con anterioridad a la lectura, como la honradez, la simpatía y la generosidad innatas.

Estamos ante todo delante de un gran representante comercial que nació y se hizo a sí mismo.

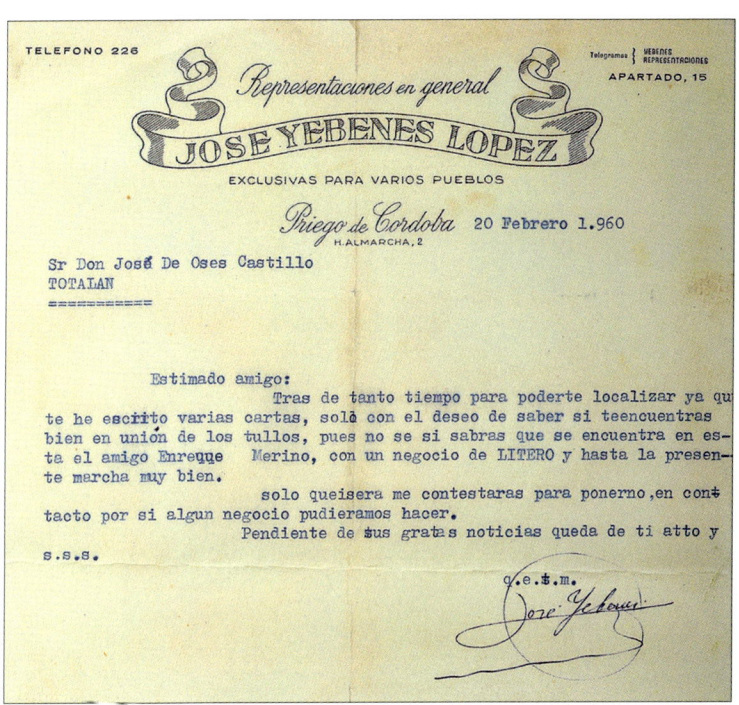

Cartas que escribía José a su amigo de la mili

Una de las primeras entrevistas con José

CAPÍTULO VII

HUERTO ALMARCHA

7. Huerto Almarcha

José decidió dejar la fonda e irse a vivir con su madre, puesto que tenía una casa bastante amplia que en un principio le sirvió de almacén para los productos cárnicos, quesos, salchichones y bebidas alcohólicas que él compraba al por mayor y le servían para sus propósitos comerciales.

En Huerto Almarcha nació su segunda hija, Mari Carmen, y, posteriormente, Fernando y Javier.

*Calle Huerto Almarcha, donde José y
su familia vivieron con su madre.*

Estuvieron con su madre casi ocho años, hasta que José, que tenía unos ahorros, compró una casa con un gran almacén a la entrada de la esquina de Bumaca, justo el número 38 de la calle

San Marcos, y allí fue donde Francisca se dedicó a vender los productos que comercializaba y a sus labores del hogar.

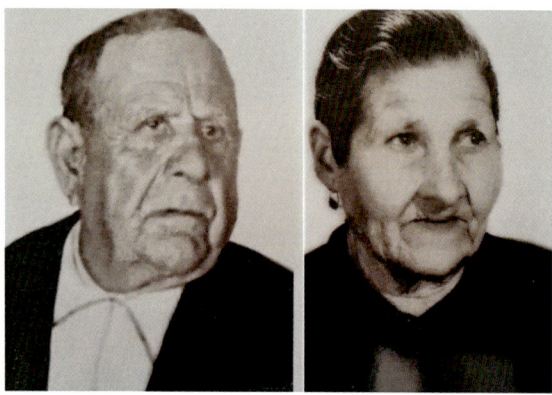

Padres de José Yébenes López

Ya en esta época se había comprado una moto Derbi, con la que podía moverse con mayor facilidad por todas las aldeas de los alrededores de Priego.

Moto Derbi de los años cincuenta

Una de las veces me comentó que él no era hombre de bares, pero que sí era muy buen comunicador y contaba unos chistes que a la gente le hacían gracia, y en cada barecillo de las aldeas de Priego dejaba también un buen cúmulo de mercancías y comestibles, al igual que bebida, que como se suele decir, hacían más cortos los días y el trabajo de los aldeanos.

Y me repetía constantemente: «Yo he trabajado a comisión durante mucho tiempo con el Café 154, Chocolate y leche condensada Nogueroles y, sobre todo, con mis buenos amigos de las Bodegas Navarro de Montilla».

Hay una frase muy significativa que decía el propio José y que merece la pena exponerla: «No pretendo presumir de ser alguien, me apaño con lo que tengo».

CAPÍTULO VIII

CALLE SAN MARCOS

8. Calle San Marcos

Cuando José ya casado y con varios niños, se traslada a la calle San Marcos eran los años sesenta, tiempos tranquilos y fructíferos para los autónomos que estaban empezando una nueva vida.

El desastre de la guerra ya se había estabilizado y las pequeñas empresas iban creciendo. Es verdad que entre grupos reducidos y partidistas se podía notar un cierto resquemor y mala aceptación al régimen franquista, pero la gente que vivía cara al futuro y sin mirar atrás no tenía nada que temer; probablemente, sí que odiar por aquella guerra incívica que habían padecido todos los españoles más de tres años. Luego la posguerra marcó a mucha gente y dejó profundas heridas en los corazones que nunca llegaron a cerrarse. Esa mirada resignada, profunda y sumisa se veía reflejada en ciertos rostros de los que habían perdido hijos o familiares en la batalla.

Casi nadie se atrevía a hablar de política o protestar de algún que otro modo; parecía que las paredes oían. Por lo tanto, el mundo era distinto, feliz pero distinto.

No fue el caso de José, puesto que, según él me ha ido narrando cuando hemos conversado, no tuvo la desgracia de sufrir ninguna pérdida familiar durante la guerra y estaba mucho más interesado en sacar a sus hijos adelante y en los objetivos que se había puesto como meta para su futuro que en otros menesteres políticos, que solo le habrían traído enemistades.

La calle San Marcos en ese momento era una calle de bares y tiendas de comestibles; hoy día se ha convertido en una de las calles más comerciales de Priego. Cada bajo de una casa es una tienda de moda, electrodomésticos, franquicias, móviles… Incluso la casa que la familia Yébenes compró en la esquina de Bumaca como almacén de comestibles hoy es una tienda de ropa de bebé.

Foto de hace 40 años, en la tienda de la calle San Marcos

Foto actual de la esquina de la calle San Marcos, n.º 38

Todo ha cambiado, incluso a los ojos de sus propios hijos y nietos en la calle San Marcos, a pesar de que todos guardan un gran recuerdo del gran trato generoso, cordial y de fraternidad entre los vecinos.

Bajo la mirada de aquellos años todavía recuerdo, e incluso sus propias nietas me lo rememoraron de un modo casi idéntico como si fuera una película visualizada, la tienda situada en el número 38 y los bajos de la vivienda, que hacían de almacén y de cochera. El mostrador de cara al público, la nevera con embutidos y quesos a mano izquierda, las tapas se cortaban a mano, la cámara frigorífica

66

al fondo y los salchichones colgados en una barra en el techo. También recuerdo a su abuela Francisca atendiendo a los compradores y proveedores. Era un negocio familiar, por lo tanto su mujer y sus nueras atendían en el negocio siempre que era necesario.

También en esta época los hijos mayores ya estudiaban y ayudaban al mismo tiempo por las tardes en el negocio.

He de hacer una mención especial a la única hija de José y Francisca, Mari Carmen, que además de ayudar en la casa a su madre se encargaba de llevar a los hermanos en el coche, sobre todo a Fernando —él hacía de agente comercial—, puesto que una chica de aquel momento no se encargaba de esos asuntos, aunque no dudamos de la capacidad femenina para llevar a cabo cualquier tipo de negocio.

Tanto ella como su madre solían estar siempre al corriente de pagar facturas y estaban pendientes de todo el negocio, puesto que Pepe, como familiarmente lo llamaban, se encontraba haciendo rutas la mayor parte del tiempo.

Sus nueras también recuerdan como Francisca familiarmente Cisca, se encargaba de cocinar para todos. Era una mujer de las que no daban abasto y muy querida por todo el vecindario.

Como la mayoría de la gente de la calle era de clase media, había unas cartillas de compra donde Francisca anotaba el importe de los productos que las madres e hijos compraban y muchas veces la gente pagaba semanal o mensualmente. A esto se le llamaba «la perra», ya que como muchos de antaño recordarán, a la moneda de poco valor se le daba el nombre de «la perra gorda», y de ahí viene el refrán, ya en desuso: «Esto no vale ni una perra gorda».

En esta época José tenía ya su propia furgoneta, con la que repartía con más facilidad todos los productos que hemos mencionado anteriormente y muchos más, ya que estaba constantemente incrementando su cartera de productos.

Furgoneta DKW de los años cincuenta

Mi padre, sastre de profesión por aquella época y justo, a los allegados o médicos nunca les cobró un traje. Hacía lo que se llama trueque, es decir, una cosa a cambio de la otra.

Aprovecho para contar una anécdota que nos ocurrió a nosotros con una de las representaciones de José, el típico y famoso brandy de Jerez, Terry, en una gran botella de cinco litros edición limitada. Aunque resulte extraño, aún está en perfecto estado después de cincuenta años en casa de mi madre, debido a una cierta promesa que hicieron mis padres de que no se llegaría a abrir hasta que un hermano mío, Luis Miguel, en aquella época en el seminario por vocación de sacerdote, cantara misa, como antes se decía.

Lo cierto es que Luis Miguel nunca se dedicó a la vida sacerdotal y la botella sigue intacta e impecable a día de hoy en una vitrina a modo de exposición y reliquia.

Botella Terry, promoción especial de cinco litros, de la familia Garrido Linares que aún conservan en casa.

Medallas entregadas por la empresa Terry a José por el gran volumen de ventas que había efectuado a lo largo de su trayectoria como agente comercial de dicha empresa.

CAPÍTULO IX

TIEMPO DE PANDEMIA

9. Tiempo de pandemia

Anteayer fue el cumpleaños de José. Nació, como dijimos, al principio en un gélido mes de enero. Justo acaba de cumplir noventa y cinco años, y sigo tan preocupada por su salud como por la de toda la humanidad hoy día debido a la gran pandemia que llevamos padeciendo desde hace ya casi dos largos años.

Casi todos los días pregunta por mí, dice su nieta, y me duele no poder estar más próxima, como al principio comenzamos nuestras entrevistas cada semana.

Para los jóvenes el tiempo se pasa muy deprisa, entre estudios, amigos, trabajo… Sin embargo, a los mayores —lo sé a ciencia cierta por mi madre, que ya ha cumplido noventa y uno— los días y las noches se hacen eternos, apiñados unos tras otros en esa amalgama de recuerdos que cada día se hacen más distantes en la mente. Es como si el cerebro fuera una máquina del tiempo que cambiamos de lugar y recuerdos día tras día.

Qué difíciles son los círculos redondeados y ondulantes de la mente. Siempre he comparado el cerebro con una nuez, con sus surcos y bifurcaciones como caminos lentos y sigilosos donde alguna vez hay paradas premeditadas y otras veces surgen sin más. Como agua estancada, los recuerdos permanecen unas veces aislados y otras condensados como si de un disco duro se tratara, y se van oxidando y rayando hasta que ya llega un momento que no hay nada, no hay noción del tiempo, no hay emoción, no hay vida, y eso entristece demasiado, hasta el extremo de que no llegamos a darnos cuenta de lo efímero y frágil que es todo.

Yo sé que él es una persona fuerte y le incentiva ver su empresa, aun a distancia, crecer y crecer como un mozalbete ágil y voraz. Le hace sentirse joven y no se deja vencer.

Y otra escalada de año ha comenzado y esperemos que prosiga mejor y mejor, olvidando la mordaza con la que nos vemos obligados a comunicarnos. Solo percibo el brillo constante de sus ojos, que no han perdido las ganas de emprender, las ganas de vivir...

Cuando llevábamos unas horas de diálogo e intercomunicación y estaba dispuesta a marcharme, me decía: «Pero si todavía no te he contado ni la mitad». Y yo me reía, ciertamente. Y es que es difícil condensar toda una vida de vivencias en las páginas de un libro.

Sus nietos, que comparten muchas más experiencias que yo en este tiempo inerte, me comentaban cómo nadie le había enseñado a ser una persona exitosa, puesto que ya lo llevaba en su equipaje de forma innata y ya contaba con esas capacidades, con esas claves y estrategias para llegar tan lejos en este campo empresarial. Pero lo que realmente resulta curioso es que dos de las virtudes que le han hecho llegar a donde está hoy día han sido su humildad y su generosidad.

José y su nieta Inma en 2021, tiempo de pandemia

CAPÍTULO X

LOS PRADOS

10. Los Prados

Cuando José ya se encontró con un poco de respaldo económico y puesto que a él nunca le había gustado comprar por medio de créditos o préstamos, según he podido observar a lo largo de mis tertulias vespertinas, se le ocurrió la buena idea de obtener un enorme terreno de tierra por la zona, concretamente Los Prados. Empezó, como buen economista, a construir primero una nave de aperos para el ganado y cultivo de un pequeño terreno, que a medida que incrementaba su negocio fue ampliándolo a más y haciendo una primera vivienda para los fines de semana, las matanzas y tiempo de ocio semanal.

El primero en instalarse allí fue un cuñado suyo, que además le cuidaba el ganado y cultivaba la tierra. Más tarde, sobre 1983, se fue uno de sus hijos, Fernando, para vivir allí.

Era enero de 1977 cuando, durante uno de los fines de semana que estaban allí pernoctando, ya de noche, un brasero de ascuas comenzó a echar humo por algún fallo.

Estaban solamente el matrimonio y dos de sus hijos pequeños. Uno de ellos, su hijo Francisco Javier, con solo trece años les salvó la vida, ya que estaban inhalando aquel humo tóxico y a punto del desmayo clínico.

Francisco Javier se descolgó de la baranda de la terraza ante los ojos de su hermano de once años para pedir ayuda, pero era evidente que a esa hora y en un sitio tan alejado no pasaba nadie, así que el niño no dudó en coger el coche de su padre. Casi no le llegaban los pies al pedal para pedir ayuda.

Los médicos comentaron que si hubiera llegado el chico diez minutos más tarde, habría ocurrido una tragedia.

El hecho llegó a ser tan espectacular que salió en el diario *El Caso* número 1291 de Madrid, manifestando la heroicidad de un chico tan pequeño, que no dudó ni por un momento en hacer todo lo posible para salvar a sus padres.

Gracias a Dios, todo quedó en un buen susto. Lo que tuvo su propio hijo que agradecer al padre fue la iniciativa que tuvieron desde que eran muy pequeños para que fueran independientes y habilidosos. Ello, unido a la gran osadía del pequeño héroe, hizo que no llegara a ser más tragedia el hecho accidental.

Casa de Los Prados

Actualmente, en lo que fueron solo unas pequeñas naves y viviendas se ubica, afortunadamente, toda la familia, es decir, hijos, nueras, nietos y el gran matrimonio, José y Cisca.

Todo está alrededor del patriarca, un gran terreno de recreo y piscina, las oficinas de la empresa y una gran nave para el almacenamiento y abastecimiento de todos los supermercados que poseen.

El lugar, espectacular de enfoque y vistas, como bien su nombre indica, Polígono la Vega, es amplio y llano, y sigue siendo idílico.

Justo cerca se encuentra además el gran Super Cash Darvi, propiedad de la familia. Me atrevo a decir a ciencia cierta que está considerado como uno de los mejores de la zona subbética y con una gran variedad de productos propios, con especial sello de identidad de garantía.

Camiones actualmente ubicados en Los Prados

CAPÍTULO XI

TRAYECTORIA LOGÍSTICA DE UNA GRAN EMPRESA FAMILIAR

11. Trayectoria logística de una gran empresa familiar

La andadura de José Yébenes López se asienta casi totalmente en el año 1951, cuando ya las representaciones que había llevado a cabo se habían ido consolidando. Los clientes han confiado en él como un gran agente comercial que ha dado vida fructífera a variadas franquicias y representaciones, como he nombrado en capítulos anteriores:

- Chocolates Nogueroles
- Café 154
- Bodegas Terry
- Bodegas Navarro
- Productos Pichi
- Cuchillas de afeitar Las Rosas
- Conservas La Molinera
- Arroz La Fallera

Fue por ello que en ese mismo año 1951, se le concedió el diploma de Bodas de Plata del Colegio Oficial de Agentes Comerciales de la Provincia de Córdoba. Con ello podemos observar que con tan solo veintiséis años, justo tres después de casarse y de conformar un hogar y tener sus dos primeros hijos, su profesión como agente comercial ya estaba dando sus primeros frutos.

Familia de José y Francisca

Diploma de Bodas de Plata para José Yébenes López

Este es uno de los capítulos más importantes y relevantes que conforman la vida comercial y familiar de José, puesto que sus hijos mayores lentamente van aprendiendo y haciéndose cargo de la logística y las facturaciones de la empresa.

Ni que decir tiene que tanto su mujer como sus hijos mayores le sirvieron de gran apoyo para seguir la trayectoria que él había propuesto y, por lo tanto, en 1993 la empresa efectuó un giro en su estrategia, abriendo el primer supermercado Iberplus.

Actualmente, facturan sobre unos noventa millones de euros anuales y tienen más de trescientos sesenta trabajadores de forma directa y cuatrocientos indirectamente, a la vez que catorce supermercados Iberplus, seis Super Cash Darvi, siendo una de las primeras empresas del sector en Andalucía.

Logo del supermercado Iberplus

Logo de Super Cash Darvi

Fue una de las primeras empresas españolas en implantar el sistema de radiofrecuencia para poder llevar un seguimiento de la trazabilidad del producto.

Almacenes Yébenes S. A. está formado por un cuadro directivo en el que el presidente sigue siendo don José Yébenes López.

- Consejeros delegados: José Yébenes Amores, Fernando Yébencs Amores, Francisco Javier Yébenes Amores, Antonio Jesús Yébenes Amores y Juan Manuel Yébenes Amores.
- Director financiero: Antonio Jesús Yébenes Amores.
- Director comercial: Fernando Yébenes Amores.
- Recursos humanos y logística: Juan Manuel Yébenes Amores.
- Responsable tiendas: Francisco Javier Yébenes Amores.
- Responsable facturación: José Yébenes Amores.

Hijos consejeros delegados

Cuenta con establecimientos propios en:

– Priego de Córdoba
– Cabra
– Lucena
– Rute
– Luque
– Doña Mencía
– Nueva Carteya
– Baena
– Castro del Río
– Fernán Núñez
– Montalbán
– La Rambla
– Castillo de Locubín
– Alcaudete
– Montefrío
– Torredonjimeno
– Atarfe
– Montalbán

CAPÍTULO XII

MARCA ADARVE

12. Marca Adarve

Adarve surge en el año 1984, siendo una de las primeras marcas propias en España. Fue por el año 1987 cuando la empresa se constituyó como sociedad anónima y comenzó a implantar una línea de tiendas en régimen de franquicia por diferentes provincias andaluzas con el anagrama Discor.

Es, además, en este mismo año cuando se comienza a comercializar la marca Adarve, con el fin de poder darle mayor apoyo a dichas franquicias.

Los inicios no fueron fáciles, ya que las empresas competidoras afirmaban que ese no era el camino, aunque los años han demostrado que se equivocaban, y hoy en día la gran mayoría de las empresas distribuidoras confían en la marca propia.

La empresa confía, principalmente, por distribuidoras de nuestra tierra para la elaboración de su propia marca.

Marca Adarve, una de las mejores marcas en la actualidad con garantía total de calidad, sobre todo Adarve Oro.

Sardinas serie oro de la marca Adarve

Atún serie oro de la marca Adarve

José y sus hijos mayores tenían una idea muy clara de lo que pretendían, que era mantener y promocionar una calidad media-alta de productos con referencia propia y con un precio medio-bajo, para que el cliente se pudiera sentir satisfecho en el momento en que degustara los productos, y es así como lo están manteniendo hasta nuestros días, sino cada vez con mayor calidad. Además van incrementando nuevos productos con dicha marca y con un precio bastante asequible.

Almacenes Yébenes se ha convertido en equipo joven y dinámico con una gran visión de futuro.

En 1994, puesto que la empresa cada vez iba ampliando tanto sus franquicias como su cartera de productos, crean una nueva marca más económica y asequible para el cliente a la que denominan *Tiñosa,* como el pico más alto de la montaña prieguense.

Logo del grupo Yébenes

Como podemos observar, uno de los principales rasgos que caracteriza a la familia Yébenes es su amor al pueblo que la vio nacer y prosperar, y es por ello que han tomado como referencia lugares emblemáticos de Priego de Córdoba para, a la par que promocionan sus productos, llevar su pueblo como mayor representante de los mismos.

Por san Cristóbal, en Priego celebran la fiesta de los camioneros, siendo un día muy especial y deseado tanto por los trabajadores como por la familia. Se compartía un día de convivencia entre el personal con comida que preparan las nueras y después la fiesta continúa entrada la medianoche para toda la familia y allegados.

CAPÍTULO XIII

RELACIÓN CON SUS NIETOS

13. Relación con sus nietos

José con parte de sus nietos cuando eran pequeños

He tenido la gran suerte de mantener una buena colaboración con la mayoría de los nietos de José para preservar el punto de vista de los lazos de unión intergeneracional, tan importantes hoy día. No se debería perder el consejo de los ancestros y de nuestros antepasados.

Ana Carolina, una de las nietas mayores, me comentaba que había tenido la suerte de crecer y convivir desde muy pequeña rodeada de sus abuelos. Sus abuelos maternos acompañaron su infancia y adolescencia y casi su primera edad adulta, puesto que su madre, Aurora, atendió durante largos años de enfermedad a su abuela materna, Carolina. Ella misma piensa que se fueron demasiado pronto, puesto que disfrutaban de los logros de sus propios nietos como si fueran los suyos.

En cuanto a su abuela paterna, Francisca, opinaba que los veinte duros de antes que algunos abuelos regalaban los domingos había que ganárselos con afecto, cariño, trabajo, etc.

—Recuerdo a mi abuela Francisca, que sus muestras de cariño eran, sobre todo, pasar una larga mañana haciendo churros para treinta personas de la familia y los juegos de corro, con los que nos entretenía por las tardes —explica Ana Carolina.

Al igual que dormir en casa de los abuelos paternos era sinónimo de acostarse más tarde, desayunar papuecas, almorzar arroz o callos y escuchar a su abuelo Pepe, como familiarmente lo llamaban, llamando a su mujer «Cisca».

Con respecto a su abuelo Pepe, recuerda a un abuelo goloso:

—Le gusta todo —me comenta, e incluso piensa que el día que no tenga apetito será el día en que se encuentre enfermo.

Ana Carolina achaca su hambre a la necesidad que pasó siendo un niño de la posguerra y me dice cómo su abuela les ponía el pan de un día para otro y respondía tranquilamente que era una manera de ahorrar, pues el pan recién hecho es más tierno y apetitoso, mientras que el que lleva dos días en la talega no se consume tanto.

Relata como su abuelo le narraba sus batallas de cuando hizo la mili en Jaca, puesto que para acercarse al pueblo tenían que saber esquiar, y a un abuelo pedaleando en bicicleta, y es que dentro de sus relatos siempre salen a relucir los años en los cuales José estuvo pedaleando para ganarse la vida y, durante estas hazañas, los días de frío que pasaba en bicicleta y que se forraba el pecho con papel de periódico viejo para tratar de protegerse del frío.

Cuando tuvo la posibilidad de comprar una moto se fue incluso a Sevilla, Madrid, Valencia y hasta Galicia, y con la abuela de copiloto algunas veces.

Siempre fue importante para su abuelo que los que le rodeaban supieran conducir vehículos a corta edad.

Le decía al hermano de Ana Carolina cuando no alcanzaba ni para el carnet de ciclomotor: «Vamos, que te voy a dar picadero». Y lo hacía conducir por la explanada que rodeaba la casa en Los Prados, donde pasaba largas tardes de domingo haciendo círculos con el volante y metiendo marchas. Esto lo hizo también con varios de sus nietos.

Curiosamente, Pepe encaminaba a nietos con labores relacionadas con el negocio y, a su juicio, a las nietas con los trabajos «propios de mujer», como confección, peluquería, etc. Sin embargo, ahora se siente muy orgulloso de una de sus nietas, que es comercial.

—Es *viajanta* —les cuenta a las visitas.

Los pueblos más asiduos que visitaba en esa época eran Montefrío, Algarinejo, Tocón, Íllora, Pinos Puente, Alcalá, Encinas Reales, Carcabuey, Rute…

En cuanto a las vacaciones, Pepe solía pasar algunos días de veraneo con sus nietos. Los primos también unían vacaciones de padres con tíos, de forma que la semana de playa terminaba siendo de quince días.

—El abuelo casi siempre se sentaba bajo la sombrilla, con la abuela al lado, y cantábamos los nietos a coro: «El abuelo, el abuelo es cojonudo, como el abuelo no hay más que uno». Y lo hacíamos a sabiendas de que terminaría rascándose el bolsillo y dando un par de billetes para que nos pudiéramos comprar unos helados, y es que las costumbres no se pierden. Él es y ha sido siempre un hombre generoso.

Cuenta que cuando era chico, uno de sus tíos, de los que vivían en la calle El Río, siempre que lo veía se sacaba una moneda del chaleco y era el dominguero que recibía para guardarlo o gastarlo en sus caprichos. Nunca olvidó ese gesto de su tío y de la misma forma lo solía hacer con sus nietos en Navidad y los cumpleaños, o bien en el día que se les caía un diente a los pequeños, y lo sigue haciendo gustoso con sus bisnietos, aunque el pequeño en cuestión no sepa lo que vale un euro.

*Parte de sus nietos anunciando los productos
que en ese momento también comercializaba,
pero como franquicia.*

La tercera generación de la familia Yébenes está formada por quince nietos (cinco hombres y diez mujeres) y siete bisnietos (seis niñas y un niño). Los nietos desde pequeños ya participaban en el negocio, ayudando con el reparto de publicidad por las casas, poniendo sellos, contando facturas, limpiando y organizando el almacén... Ya más mayores, compaginaban los estudios y aprovechaban la época estival para sacarse un dinerillo en el almacén o en el supermercado.

Mencionan como su abuelo llevaba siempre lleno el maletero de regalos de propaganda o publicidad, y que este repartía entre los niños del pueblo. Crecieron juntos jugando por las «calles» de Villa Yébenes, siete casas donde todos eran familia. Era como un pequeño barrio, pero donde tu vecino era tu primo o tu prima. Pocas personas han podido crecer en un entorno familiar como este. Mientras los niños de su edad jugaban en parques o en las calles, ellos estaban ingeniando nuevas aventuras. Esto los ha incentivado a crecer con valores y todos ellos están muy orgullosos de haber conformado una gran familia con unión y afecto.

Según parte de sus nietos, en la cocina de la piscina hacían *pizzas* de pequeños para repartirlas entre los titos, que como recompensa les daban unos durillos que les permitían continuar entretenidos, comprando ingredientes para poder continuar haciéndolas cada fin de semana.

Los nietos formaron su propia «hermandad», un trono antiguo, el cual portaban los primos y paseaban por el almacén para que lo viesen los empleados.

A veces, hacían guerras con los huevos que ya no se vendían... En Navidad, algunos de sus tíos o tías se disfrazaban de Reyes Magos e iban de casa en casa entregando los regalos. Algunos de los bautizos y comuniones de los nietos se celebraron allí, en vez de en un salón de fiestas, preparando las nueras la comida.

Actualmente, algunos de ellos trabajan en el negocio familiar, desempeñando diversas funciones y formándose en los distintos departamentos.

Los nietos de José y Francisca

CAPÍTULO XIV

PRIEGUENSE DEL AÑO

14. Prieguense del Año

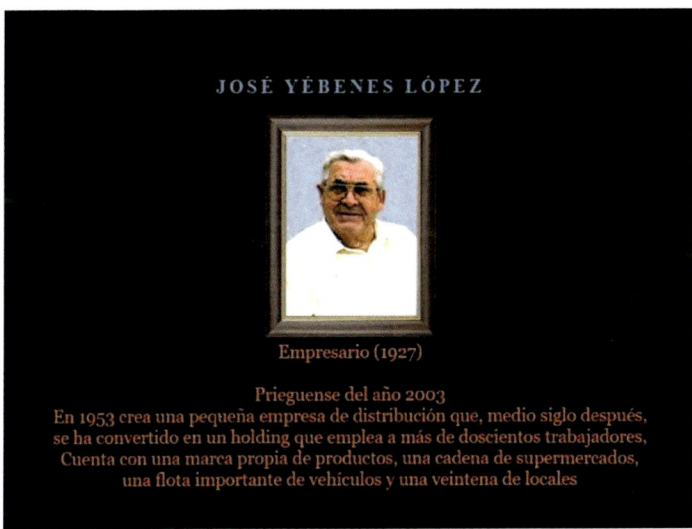

Era de esperar que después de la gran trayectoria que José tenía, el pueblo y un gran periódico local de Priego llamado *Adarve* le reconocieran parte de su gran obra y lo condecoraran en el 2003 como Prieguense del Año.

Desde 1952, y haciendo un paréntesis de varios años, el periódico local *Adarve*, fundado por don José Luis Gámiz, ha sido un medio de comunicación local que ha hecho posible el intercambio de opiniones y actos memorables dentro del ámbito social que Priego ha mantenido a lo largo de su cotidianidad y hasta nuestros días.

Ahora incluso está en formato digital y es un gran recurso vital y necesario para aquellos prieguenses que no viven actualmente en el pueblo por diversos motivos, pero que encuentran incentivo y apoyo en sus raíces y les gusta mantenerse al tanto de las noticias populares de su pueblo natal.

Esta asociación cultural es, por lo tanto, algo que hay que reconocer, porque ha persistido y ha ido incrementándose desde sus comienzos hasta nuestros días.

Reconocimiento como Prieguense del Año 2003, con su mujer,
Francisca (D. E. P.), su presidente honorífico Antonio Jurado (D. E. P.)
y su director anterior, Manuel Pulido (D. E. P.)

CAPÍTULO XV

MEDALLA DE PLATA

15. Medalla de Plata

Justo en septiembre de 1962, el Ayuntamiento de Priego aprobó un reglamento de honores y distinciones que comprendía, entre otros, los relativos a las medallas de oro, plata y bronce para personas que habían hecho algo relevante en la sociedad o por el pueblo.

En el año 2004, ya bien consolidada la capacidad y aptitud de don José Yébenes como un gran pionero y empresario en Priego de Córdoba por su valioso y fructífero trabajo a favor de abastecer a cantidad de prieguenses, una profesión digna, para no tener que emigrar como lo había hecho la mayoría en 1970, y con la honradez que le ha precedido desde sus comienzos al crear su propia empresa, apoyando a todo tipo de trabajadores, el Ayuntamiento tuvo a bien conceder la medalla de plata de la ciudad a este gran hombre y reconocerlo con tal distinción, de la que su gran trayectoria como empresario lo había hecho merecedor.

Este ha sido uno de los muchos reconocimientos que José ha ido acaparando de un modo ético y decente a lo largo de toda su vida.

Además de la medalla de plata, José también obtuvo otras condecoraciones, entre ellas de la Guardia Civil de Priego de Córdoba como muestra de agradecimiento por su bien hacer por el pueblo.

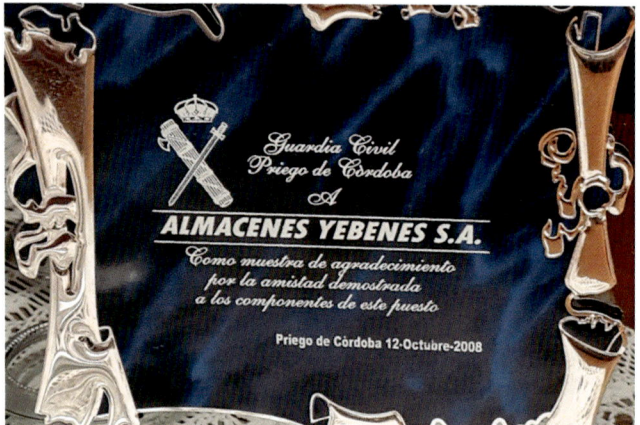

Condecoración de la Guardia Civil

CAPÍTULO XVI

UN HOMENAJE MERECIDO

16. Un homenaje merecido

Foto de los cuatro homenajeados conjuntamente con el presidente de la Cámara de Comercio, Jerónimo Martín.

El 23 de octubre de 2009 se le concede en Sevilla a José un homenaje por medio de la CAEA (Confederación Andaluza de Empresarios de la Alimentación), que integra a minoristas y mayoristas de distribución comercial en Andalucía con sede en Sevilla.

Esta confederación nació el 24 de noviembre de 1989 como organización empresarial con unas finalidades y unos objetivos específicos, como defender los intereses del sector comercial de la alimentación, y alienta a la valoración de la libre competencia del mercado de las empresas asociadas y, en general, del sector de la perfumería y de la alimentación.

La competencia que tiene como formación de la misma se recoge en el Art. 5.1.2: «Como principales fines tiene la persecución de las conductas que supongan inspección de restringir o falsear la competencia». Es, por lo tanto, un premio más que merecido para la gran trayectoria y honradez de José Yébenes.

El mismo día fueron cuatro los homenajeados, teniendo en cuenta que justo los cuatro compartían el mismo perfil, es decir, empresarios con una visión amplia y franca de futuro y con los mismos fines, tenacidad, constancia e inteligencia, que los calificaba de grandes visionarios en el sector profesional de la alimentación.

El acto estuvo representado por el exconsejero extremeño Luciano Alonso, que agradeció la invitación para participar en la clausura. Antes que él habían hablado grandes profesionales del mismo sector y como objetivo general se comentó que había que plantear soluciones concretas para mejorar el estado competitivo de otras empresas fuera de Andalucía, es decir, conformar un sector transversal que afecte a todo el entorno logístico y que conlleve una gran evolución en los nuevos ámbitos y compras del mercado de *cash and carry*; por lo tanto, conseguir un sistema de distribución comercial donde se alcance el mejor partido productivo.

En cuanto a José, refirió unas palabras al público asistente con las que humildemente expuso, a grandes rasgos, su vida profesional, que empezó con una bicicleta y acabó en lo que hoy día podemos considerar una de las diez mejores empresas andaluzas del mercado, con productos de sus propias marcas, llamadas *Adarve* o *Tiñosa,* entre otras muchas, que actualmente están en proceso de producción y elaboración.

Como siempre, José dio unos magníficos consejos a tener en cuenta para el éxito de las representaciones mercantiles, como, por ejemplo: constancia y trabajo, dedicación y cariño, persuasión y comunicación. Según sus propias palabras, «hay que tener hambre para prosperar». Se define a sí mismo como una persona ambiciosa, trabajadora y no gastosa.

Como hecho anecdótico, refirió el comentario que alguien le dijo acerca de que sus hijos le habían salido muy buenos, y él mismo contestó: «El bueno he sido yo, porque los he educado con el fin de la honradez, el trabajo y el esfuerzo, que es lo que te va a hacer vivir independiente y tener éxito en la vida».

Y como ejemplo de ello le dijo a uno de sus hijos: «Hoy tienes que hacer tres rutas mercantiles». Y su hijo le dijo que era demasiado para un solo día, a lo cual él respondió: «Cuando yo era joven tenía que hacer más de tres rutas de venta en bicicleta, sin clientes y sin dinero. Tú ahora vas a hacer lo mismo en coche, con clientes y con dinero».

Con esto podemos ver la trayectoria de esfuerzo y de ambición que José ya desde joven tenía en mente y el compromiso y la lealtad tanto a su relación comercial como con sus propios hijos.

CAPÍTULO XVII

MEDALLA DE LA MANCOMUNIDAD DE LA SUBBÉTICA

17. Medalla de la Mancomunidad de la Subbética

Siendo presidenta de la Mancomunidad de la Subbética doña Encarnación Ortiz, en 2010, José Yébenes es merecedor de una gran condecoración dentro del galardón de empresarios relevantes en nuestra comunidad, que conforma catorce municipios y que empieza por Almedinilla y acaba por Zuheros.

Le entregan el galardón de empresario del año 2010 en sus séptimas ediciones en Lucena, siendo alcaldesa en Priego doña Encarnación Ortiz y alcalde de Lucena don José Luis Bergillos López, que dirigió unas palabras a los homenajeados, entre los que se encontraba el artista lucentino Rafael Álvarez, el Brujo, que fue reconocido como hijo predilecto de la Ciudad de Lucena. También reconocieron a diferentes personas relevantes en cuanto a cultura y otros colectivos.

En ese mismo año se le concedió la medalla de cultura a José María Molina, de Rute, por su excelente revista *Ánfora Nova*, y a otro gran elenco de artistas plásticos, de desarrollo turístico, deporte, senderismo nocturno de Priego y a todos los colectivos y entidades que habían sido relevantes justo en este año.

La medalla de nuestro homenajeado la recogió su hijo Fernando, que dirigió unas palabras al público asistente agradeciendo este gran galardón y animando a que se consolidara la industria que fomenta la tradición del patrimonio y las costumbres con productos y muestras típicas de nuestra mancomunidad para así permitir que sean reconocidas a todos los niveles.

Reconocimiento a Almacenes Yébenes por su gran trayectoria como empresa de la Subbética en 2010.

CAPÍTULO XVIII

LLEVANDO EL TIMÓN HASTA EL FINAL

18. Llevando el timón hasta el final

Hay un antes y un después. Todo en la vida ocurre por algo. Somos viajeros de nuestro propio destino. La determinación y los caminos a elegir son elecciones y ahí es donde radica la libertad del hombre. Cada uno conoce su propia vida, de la que es dueño.

A día de hoy, José viaja en mente y espacio adquiriendo la sabiduría y fuerza de la vejez y por su cerebro van pasando momentos vividos, nostálgicos y compasivos, que le trasladan a sus primeros comienzos, a su madre, a sus hermanos. Recuerda a Pedro, que le ayudó también en todo lo comercial cuando se fue a vivir a Castellón y le hacía gestiones con coches y camiones particulares prieguenses, como «El tranco», y a Vicente, que regentó durante bastante tiempo en Priego el bar La Parra, frente a la iglesia de Nuestra Señora de la Asunción de Priego.

Vivencias con su afable cuñado, casado con una de sus hermanas, con el cual tenía un trato tan familiar y cariñoso que se quedó para todo el mundo con «el cuñao», muy propio de los pueblos. Al igual que con su otro cuñado, Antonio Amores, que fue el primero en instalarse en el terreno de Los Prados y estuvo cultivando la tierra y haciéndose cargo de todo el tema de la ganadería durante largo tiempo.

Pero a quien José tiene siempre como referente de ayuda y apoyo es al tío de su madre y a su primo Paco, el de Correos, casado con una admirada mujer y poeta prieguense, María Jesús Sánchez. Toda la vida le apoyó y protegió, fue confidente de sus metas y propósitos.

Así van pasando los días por la mente lúcida de un hombre que creo que es desconocedor de su propia edad física, puesto que su mente sigue tan aguda como cuando era joven.

Él ya no necesita más; su armadura interior se ha forjado y curtido sin envidia ni pretensiones. Hoy día sigue estando lleno de fe, de ilusión, con su mapa logístico sobre la mesa comedor, con algunas fotos familiares y con la misma mirada de niño, como siempre.

Mapa logístico

CAPÍTULO XIX

JOSÉ EN LA ACTUALIDAD

19. José en la actualidad

Va a comenzar abril de 2022 y he de decir que cada vez que voy a ver a José me llevo mejor recuerdo de él, de su trato, de su bondad para con todos y de su lucidez a pesar de los noventa y cinco años y de esta mascarilla obligada que nos hacen llevar.

Él no la lleva en casa la mayor parte del tiempo por la edad, pero todo el que llega sí, es necesario para el cuidado especial que se debe tener con los mayores. Todo el que entra hace uso de la mascarilla y, por lo tanto, resulta incómodo el contacto físico, el presencial. A mí me gusta mirar a la gente cara a cara y que nos miren por igual; por algo se dice que la mirada es el reflejo del alma. Y en él veo un alma limpia, todavía vigilante, ávida de conocimiento y de sabiduría.

Allá donde reside la mayor parte del tiempo en su casa es en una habitación comedor cerca de la verja de la entrada principal, desde donde puede vigilar la entrada y salida de la gran extensión de terreno y observa a la gente que entra y sale del recinto, que se extiende justo al lado de la casa de sus hijos.

Un porche con rejas le sirve, según Mariluz, una de sus buenas cuidadoras, de tabla de ejercicios diarios para no quedarse del todo anquilosado y apoltronado en un cómodo sillón.

Sobre la mesa y bajo un cristal, fotos de sus nietos y algún que otro biznieto y una foto de su mujer, fallecida en el 2011, que le sirve de recuerdo constante en sus avatares cotidianos.

Como hemos dicho en capítulos anteriores, además el gran mapa logístico también le sirve para mirarlo una y otra vez y reafirmar la gran victoria conseguida tras años de esfuerzo y tesón.

Su mente siempre navega como un barco vigía y sus ojos brillan nostálgicos cuando habla del pasado, de sus hijos, de la gran empresa familiar y de su mujer, tan valiosa y buena consejera. Es como si le estuvieran pasando una película diaria de sus grandes proyectos.

A veces, se le siente una respiración agitada y profunda, normal para su edad, pero, no obstante, sigue como un chiquillo persiguiendo sus bellos sueños; ellos están ahí y él sigue disfrutando paso a paso, y eso le permite vivir con cierta esperanza y con una gran proyección hacia el futuro.

Foto que tiene José sobre la mesa de comedor para recordar diariamente

Árbol familiar de la familia Yébenes Amores

Epílogo

Esta obra nos muestra la vida mi abuelo, un hombre que, desde temprana edad, mostraba aptitudes y habilidades para ser un gran emprendedor sin apenas haber pisado una escuela, lo cual nos lleva a situarnos de nuevo ante el dilema de si una persona emprendedora nace o se hace.

José había nacido en tiempos de guerra, en una España rota que atravesaba una situación económica muy compleja, donde el ingenio se desarrollaba casi de manera forzosa, buscando diferentes formas para poder «ganarse el pan». Está claro que el lugar y el momento en el que se nace y las circunstancias sociofamiliares pueden determinar nuestro camino, aunque, sin duda, en el caso de mi abuelo, su personalidad entusiasta, persistente e innovadora jugó un papel muy importante.

A través de los diferentes encuentros con la autora, José relata cómo fueron sus comienzos, pedaleando en una bicicleta prestada, y cómo su tío, el de Correos, le regaló una máquina de escribir, que tan útil fue en esos primeros años. Y si no hubiese tenido la posibilidad de contar con esa bicicleta prestada o con esa máquina de escribir, ¿habría conseguido el éxito?

La toma de decisiones en la vida nos acerca o aleja de nuestros proyectos. Una anécdota curiosa es que José se presentó a unas oposiciones para trabajar en Correos y tal fue el destino que afortunadamente no las aprobó. El motivo de no superar la prueba fue escribir *arroz* con *h*. Paradójicamente, años más tarde se encontraría repartiendo y vendiendo arroz entre sus productos más destacados. Ese error ortográfico dio un giro a su vida de 360 grados, despertando en él la curiosidad por los negocios.

La personalidad visionaria y de proyección también se trasladó a la vida personal. Ya de joven mostraba inquietudes por el futuro y por cómo sería su vejez y, sin ser consciente de la idea que tuvo, construyó una urbanización familiar, donde hoy día convive rodeado de todos sus hijos, hija y familiares. Arropado del calor de los suyos, a sus 95 años sigue manteniendo el rol de patriarca, aunque cada vez más su voz va denotando el paso de los años. A pesar de ello, sigue mostrando inquietudes por el futuro y expresa satisfacción de ver cómo las nuevas generaciones se han preparado para continuar con el legado de Almacenes Yébenes.

Podríamos decir que ha tenido un envejecimiento activo, ya que hasta poco antes de la pandemia continuaba visitando algunos de los supermercados y realizando algunas funciones del negocio.

Un día le pregunté: «Abuelo, ¿cuál es tu *hobby?*». Y me respondió sin dilación: «Los negocios». Quizás esta haya sido la clave de su éxito.

I.Y.
Nieta de José Yébenes

Agradecimientos

Gracias a mi esposa, Francisca, que en paz descanse, por ser mi mayor sostén. A mis hijos e hija, nietos, primos y demás familiares, por su apoyo incondicional. Sin duda, debo reconocer el esfuerzo y la entrega durante todos estos años del equipo humano que conforma la empresa.

No puedo olvidar dar las gracias a uno de los pilares fundamentales que hacen posible que un negocio funcione: la clientela. Destacan su compromiso y confianza.

A mis noventa y cinco años, han pasado muchas personas por mi vida y necesitaría otra vida para mencionarlas a todas ellas, que, sin duda, de alguna forma, han creído en mí.

Y gracias a Maricruz Garrido, por haberme regalado de nuevo la energía e ilusión, por ver plasmada en este libro mi historia de vida.

BIBLIOGRAFÍA

Bibliografía

Archivo Municipal de Priego de Córdoba

Entrevistas realizadas a D. José Yébenes López

Muñoz, A.: *El éxito en las representaciones mercantiles*, editorial Bruguer, segunda edición

Periódico *Adarve* (Priego de Córdoba)

Vega Carpio, Lope de: *La dama boba*